中华人民共和国能源法

法律出版社
·北京·

图书在版编目（CIP）数据

中华人民共和国能源法. -- 北京：法律出版社，2024. -- ISBN 978-7-5197-9578-8
Ⅰ. D922.6
中国国家版本馆 CIP 数据核字第 2024HC7189 号

中华人民共和国能源法
ZHONGHUA RENMIN GONGHEGUO NENGYUANFA

出版发行	法律出版社	开本	850 毫米×1168 毫米 1/32
编辑统筹	法规出版分社	印张 1	字数 20 千
责任编辑	张红蕊	版本	2024 年 11 月第 1 版
装帧设计	臧晓飞	印次	2024 年 11 月第 1 次印刷
责任校对	陶玉霞	印刷	北京盛通印刷股份有限公司
责任印制	耿润瑜	经销	新华书店

地址：北京市丰台区莲花池西里 7 号（100073）

网址：www.lawpress.com.cn　　　　　　销售电话：010-83938349

投稿邮箱：info@ lawpress.com.cn　　　　客服电话：010-83938350

举报盗版邮箱：jbwq@ lawpress.com.cn　　咨询电话：010-63939796

版权所有·侵权必究

书号:ISBN 978-7-5197-9578-8　　　　　　定价:5.00 元

凡购买本社图书，如有印装错误，我社负责退换。电话:010-83938349

目　　录

中华人民共和国主席令（第三十七号）……………（1）
中华人民共和国能源法 ……………………………（3）

附：
关于《中华人民共和国能源法（草案）》的
　　说明 …………………………………………（23）

中华人民共和国主席令

第三十七号

《中华人民共和国能源法》已由中华人民共和国第十四届全国人民代表大会常务委员会第十二次会议于 2024 年 11 月 8 日通过，现予公布，自 2025 年 1 月 1 日起施行。

中华人民共和国主席　习近平

2024 年 11 月 8 日

中华人民共和国能源法

(2024年11月8日第十四届全国人民代表大会常务委员会第十二次会议通过)

目　　录

第一章　总　　则

第二章　能源规划

第三章　能源开发利用

第四章　能源市场体系

第五章　能源储备和应急

第六章　能源科技创新

第七章　监督管理

第八章　法律责任

第九章　附　　则

第一章　总　　则

第一条　为了推动能源高质量发展，保障国家能源安全，促进经济社会绿色低碳转型和可持续发展，积极稳妥推进碳达峰碳中和，适应全面建设社会主义现代化国家需要，根据宪法，制定本法。

第二条 本法所称能源，是指直接或者通过加工、转换而取得有用能的各种资源，包括煤炭、石油、天然气、核能、水能、风能、太阳能、生物质能、地热能、海洋能以及电力、热力、氢能等。

第三条 能源工作应当坚持中国共产党的领导，贯彻新发展理念和总体国家安全观，统筹发展和安全，实施推动能源消费革命、能源供给革命、能源技术革命、能源体制革命和全方位加强国际合作的能源安全新战略，坚持立足国内、多元保障、节约优先、绿色发展，加快构建清洁低碳、安全高效的新型能源体系。

第四条 国家坚持多措并举、精准施策、科学管理、社会共治的原则，完善节约能源政策，加强节约能源管理，综合采取经济、技术、宣传教育等措施，促进经济社会发展全过程和各领域全面降低能源消耗，防止能源浪费。

第五条 国家完善能源开发利用政策，优化能源供应结构和消费结构，积极推动能源清洁低碳发展，提高能源利用效率。

国家建立能源消耗总量和强度双控向碳排放总量和强度双控全面转型新机制，加快构建碳排放总量和强度双控制度体系。

第六条 国家加快建立主体多元、统一开放、竞争有序、监管有效的能源市场体系,依法规范能源市场秩序,平等保护能源市场各类主体的合法权益。

第七条　国家完善能源产供储销体系,健全能源储备制度和能源应急机制,提升能源供给能力,保障能源安全、稳定、可靠、有效供给。

第八条　国家建立健全能源标准体系,保障能源安全和绿色低碳转型,促进能源新技术、新产业、新业态发展。

第九条　国家加强能源科技创新能力建设,支持能源开发利用的科技研究、应用示范和产业化发展,为能源高质量发展提供科技支撑。

第十条　国家坚持平等互利、合作共赢的方针,积极促进能源国际合作。

第十一条　县级以上人民政府应当加强对能源工作的组织领导和统筹协调,及时研究解决能源工作中的重大问题。

县级以上人民政府应当将能源工作纳入国民经济和社会发展规划、年度计划。

第十二条　国务院能源主管部门负责全国能源工作。国务院其他有关部门在各自职责范围内负责相关的能源工作。

县级以上地方人民政府能源主管部门负责本行政区域能源工作。县级以上地方人民政府其他有关部门在各自职责范围内负责本行政区域相关的能源工作。

第十三条　县级以上人民政府及其有关部门应当采取多种形式,加强对节约能源、能源安全和能源绿色低碳发展的宣传教育，增强全社会的节约能源意识、能源安全意识，促进形成绿色低碳的生产生活方式。

新闻媒体应当开展节约能源、能源安全和能源绿色低碳发展公益宣传。

第十四条 对在能源工作中做出突出贡献的单位和个人，按照国家有关规定给予表彰、奖励。

第二章 能源规划

第十五条 国家制定和完善能源规划，发挥能源规划对能源发展的引领、指导和规范作用。

能源规划包括全国综合能源规划、全国分领域能源规划、区域能源规划和省、自治区、直辖市能源规划等。

第十六条 全国综合能源规划由国务院能源主管部门会同国务院有关部门组织编制。全国综合能源规划应当依据国民经济和社会发展规划编制，并与国土空间规划等相关规划衔接。

全国分领域能源规划由国务院能源主管部门会同国务院有关部门依据全国综合能源规划组织编制。

国务院能源主管部门会同国务院有关部门和有关省、自治区、直辖市人民政府，根据区域经济社会发展需要和能源资源禀赋情况、能源生产消费特点、生态环境保护要求等，可以编制跨省、自治区、直辖市的区域能源规划。区域能源规划应当符合全国综合能源规划,并与相关全国分领域能源规划衔接。

第十七条 省、自治区、直辖市人民政府能源主管部门会同有关部门,依据全国综合能源规划、相关全国分领域能源规划、相关区域能源规划,组织编制本省、自治区、直辖市的能源规划。

设区的市级人民政府、县级人民政府需要编制能源规划的,按照省、自治区、直辖市人民政府的有关规定执行。

第十八条 编制能源规划,应当遵循能源发展规律,坚持统筹兼顾,强化科学论证。组织编制能源规划的部门应当征求有关部门、相关企业和行业组织以及有关专家等方面的意见。

能源规划应当明确规划期内能源发展的目标、主要任务、区域布局、重点项目、保障措施等内容。

第十九条 能源规划按照规定的权限和程序报经批准后实施。

经批准的能源规划应当按照规定予以公布。

第二十条 组织编制能源规划的部门应当就能源规划实施情况组织开展评估。根据评估结果确需对能源规划进行调整的,应当报经原批准机关同意,国家另有规定的除外。

第三章 能源开发利用

第二十一条 国家根据能源资源禀赋情况和经济社会可

持续发展的需要，统筹保障能源安全、优化能源结构、促进能源转型和节约能源、保护生态环境等因素，分类制定和完善能源开发利用政策。

第二十二条 国家支持优先开发利用可再生能源，合理开发和清洁高效利用化石能源，推进非化石能源安全可靠有序替代化石能源，提高非化石能源消费比重。

国务院能源主管部门会同国务院有关部门制定非化石能源开发利用中长期发展目标，按年度监测非化石能源开发利用情况，并向社会公布。

第二十三条 国务院能源主管部门会同国务院有关部门制定并组织实施可再生能源在能源消费中的最低比重目标。

国家完善可再生能源电力消纳保障机制。供电企业、售电企业、相关电力用户和使用自备电厂供电的企业等应当按照国家有关规定，承担消纳可再生能源发电量的责任。

国务院能源主管部门会同国务院有关部门对可再生能源在能源消费中的最低比重目标以及可再生能源电力消纳责任的实施情况进行监测、考核。

第二十四条 国家统筹水电开发和生态保护，严格控制开发建设小型水电站。

开发建设和更新改造水电站，应当符合流域相关规划，统筹兼顾防洪、生态、供水、灌溉、航运等方面的需要。

第二十五条 国家推进风能、太阳能开发利用，坚持集中式与分布式并举，加快风电和光伏发电基地建设，支持分布式风电和光伏发电就近开发利用，合理有序开发海上风电，积极发展光热发电。

第二十六条 国家鼓励合理开发利用生物质能，因地制宜发展生物质发电、生物质能清洁供暖和生物液体燃料、生物天然气。

国家促进海洋能规模化开发利用，因地制宜发展地热能。

第二十七条 国家积极安全有序发展核电。

国务院能源主管部门会同国务院有关部门统筹协调全国核电发展和布局，依据职责加强对核电站规划、选址、设计、建造、运行等环节的管理和监督。

第二十八条 国家优化煤炭开发布局和产业结构，鼓励发展煤矿矿区循环经济，优化煤炭消费结构，促进煤炭清洁高效利用，发挥煤炭在能源供应体系中的基础保障和系统调节作用。

第二十九条 国家采取多种措施，加大石油、天然气资源勘探开发力度，增强石油、天然气国内供应保障能力。

石油、天然气开发坚持陆上与海上并重，鼓励规模化开发致密油气、页岩油、页岩气、煤层气等非常规油气资源。

国家优化石油加工转换产业布局和结构，鼓励采用先进、集约的加工转换方式。

国家支持合理开发利用可替代石油、天然气的新型燃料和工业原料。

第三十条 国家推动燃煤发电清洁高效发展，根据电力系统稳定运行和电力供应保障的需要，合理布局燃煤发电建设，提高燃煤发电的调节能力。

第三十一条　国家加快构建新型电力系统，加强电源电网协同建设，推进电网基础设施智能化改造和智能微电网建设，提高电网对可再生能源的接纳、配置和调控能力。

第三十二条　国家合理布局、积极有序开发建设抽水蓄能电站，推进新型储能高质量发展，发挥各类储能在电力系统中的调节作用。

第三十三条　国家积极有序推进氢能开发利用，促进氢能产业高质量发展。

第三十四条　国家推动提高能源利用效率，鼓励发展分布式能源和多能互补、多能联供综合能源服务，积极推广合同能源管理等市场化节约能源服务，提高终端能源消费清洁化、低碳化、高效化、智能化水平。

国家通过实施可再生能源绿色电力证书等制度建立绿色能源消费促进机制，鼓励能源用户优先使用可再生能源等清洁低碳能源。

公共机构应当优先采购、使用可再生能源等清洁低碳能源以及节约能源的产品和服务。

第三十五条　能源企业、能源用户应当按照国家有关规定配备、使用能源和碳排放计量器具。

能源用户应当按照安全使用规范和有关节约能源的规定合理使用能源，依法履行节约能源的义务，积极参与能源需求响应，扩大绿色能源消费，自觉践行绿色低碳的生产生活方式。

国家加强能源需求侧管理，通过完善阶梯价格、分时价格等制度，引导能源用户合理调整用能方式、时间、数量等，促进节约能源和提高能源利用效率。

第三十六条　承担电力、燃气、热力等能源供应的企业，应当依照法律、法规和国家有关规定，保障营业区域内的能源用户获得安全、持续、可靠的能源供应服务，没有法定或者约定事由不得拒绝或者中断能源供应服务，不得擅自提高价格、违法收取费用、减少供应数量或者限制购买数量。

前款规定的企业应当公示服务规范、收费标准和投诉渠道等，并为能源用户提供公共查询服务。

第三十七条　国家加强能源基础设施建设和保护。任何单位或者个人不得从事危及能源基础设施安全的活动。

国务院能源主管部门会同国务院有关部门协调跨省、自治区、直辖市的石油、天然气和电力输送管网等能源基础设施建设；省、自治区、直辖市人民政府应当按照能源规划，预留能源基础设施建设用地、用海，并纳入国土空间规划。

石油、天然气、电力等能源输送管网设施运营企业应当提高能源输送管网的运行安全水平，保障能源输送管网系统运行安全。接入能源输送管网的设施设备和产品应当符合管网系统安全运行的要求。

第三十八条　国家按照城乡融合、因地制宜、多能互补、综合利用、提升服务的原则，鼓励和扶持农村的能源发展，重点支持革命老区、民族地区、边疆地区、欠发达地区农村的能源发展，提高农村的能源供应能力和服务水平。

县级以上地方人民政府应当统筹城乡能源基础设施和公共服务体系建设，推动城乡能源基础设施互联互通。

农村地区发生临时性能源供应短缺时，有关地方人民政府应当采取措施，优先保障农村生活用能和农业生产用能。

第三十九条　从事能源开发利用活动，应当遵守有关生态环境保护、安全生产和职业病防治等法律、法规的规定，减少污染物和温室气体排放，防止对生态环境的破坏，预防、减少生产安全事故和职业病危害。

第四章　能源市场体系

第四十条　国家鼓励、引导各类经营主体依法投资能源开发利用、能源基础设施建设等，促进能源市场发展。

第四十一条　国家推动能源领域自然垄断环节独立运营和竞争性环节市场化改革，依法加强对能源领域自然垄断性业务的监管和调控，支持各类经营主体依法按照市场规则公平参与能源领域竞争性业务。

第四十二条　国务院能源主管部门会同国务院有关部门协调推动全国统一的煤炭、电力、石油、天然气等能源交易市场建设，推动建立功能完善、运营规范的市场交易机构或者交易平台，依法拓展交易方式和交易产品范围，完善交易机制和交易规则。

第四十三条 县级以上人民政府及其有关部门应当强化统筹调度组织，保障能源运输畅通。

能源输送管网设施运营企业应当完善公平接入和使用机制，按照规定公开能源输送管网设施接入和输送能力以及运行情况的信息，向符合条件的企业等经营主体公平、无歧视开放并提供能源输送服务。

第四十四条 国家鼓励能源领域上下游企业通过订立长期协议等方式，依法按照市场化方式加强合作、协同发展，提升能源市场风险应对能力。

国家协同推进能源资源勘探、设计施工、装备制造、项目融资、流通贸易、资讯服务等高质量发展，提升能源领域上下游全链条服务支撑能力。

第四十五条 国家推动建立与社会主义市场经济体制相适应，主要由能源资源状况、产品和服务成本、市场供求状况、可持续发展状况等因素决定的能源价格形成机制。

依法实行政府定价或者政府指导价的能源价格，定价权限和具体适用范围以中央和地方的定价目录为依据。制定、调整实行政府定价或者政府指导价的能源价格，应当遵守《中华人民共和国价格法》等法律、行政法规和国家有关规定。能源企业应当按照规定及时、真实、准确提供价格成本等相关数据。

国家完善能源价格调控制度，提升能源价格调控效能，构建防范和应对能源市场价格异常波动风险机制。

第四十六条　国家积极促进能源领域国际投资和贸易合作，有效防范和应对国际能源市场风险。

第五章　能源储备和应急

第四十七条　国家按照政府主导、社会共建、多元互补的原则，建立健全高效协同的能源储备体系，科学合理确定能源储备的种类、规模和方式，发挥能源储备的战略保障、宏观调控和应对急需等功能。

第四十八条　能源储备实行政府储备和企业储备相结合，实物储备和产能储备、矿产地储备相统筹。

政府储备包括中央政府储备和地方政府储备，企业储备包括企业社会责任储备和企业其他生产经营库存。

能源储备的收储、轮换、动用，依照法律、行政法规和国家有关规定执行。

国家完善政府储备市场调节机制，采取有效措施应对市场大幅波动等风险。

第四十九条　政府储备承储运营机构应当依照法律、行政法规和国家有关规定，建立健全内部管理制度，加强储备管理，确保政府储备安全。

企业社会责任储备按照企业所有、政策引导、监管有效的原则建立。承担社会责任储备的能源企业应当按照规定的种类、数量等落实储备责任，并接受政府有关部门的监督管理。

能源产能储备的具体办法，由国务院能源主管部门会同国务院财政部门和其他有关部门制定。

能源矿产地储备的具体办法，由国务院自然资源主管部门会同国务院能源主管部门、国务院财政部门和其他有关部门制定。

第五十条 国家完善能源储备监管体制，加快能源储备设施建设，提高能源储备运营主体专业化水平，加强能源储备信息化建设，持续提升能源储备综合效能。

第五十一条 国家建立和完善能源预测预警体系，提高能源预测预警能力和水平，及时有效对能源供求变化、能源价格波动以及能源安全风险状况等进行预测预警。

能源预测预警信息由国务院能源主管部门发布。

第五十二条 国家建立统一领导、分级负责、协调联动的能源应急管理体制。

县级以上人民政府应当采取有效措施，加强能源应急体系建设，定期开展能源应急演练和培训，提高能源应急能力。

第五十三条 国务院能源主管部门会同国务院有关部门拟定全国的能源应急预案，报国务院批准后实施。

国务院能源主管部门会同国务院有关部门加强对跨省、自治区、直辖市能源应急工作的指导协调。

省、自治区、直辖市人民政府根据本行政区域的实际情况，制定本行政区域的能源应急预案。

设区的市级人民政府、县级人民政府能源应急预案的制定，由省、自治区、直辖市人民政府决定。

规模较大的能源企业和用能单位应当按照国家规定编制本单位能源应急预案。

第五十四条 出现能源供应严重短缺、供应中断等能源应急状态时，有关人民政府应当按照权限及时启动应急响应，根据实际情况和需要，可以依法采取下列应急处置措施：

（一）发布能源供求等相关信息；

（二）实施能源生产、运输、供应紧急调度或者直接组织能源生产、运输、供应；

（三）征用相关能源产品、能源储备设施、运输工具以及保障能源供应的其他物资；

（四）实施价格干预措施和价格紧急措施；

（五）按照规定组织投放能源储备；

（六）按照能源供应保障顺序组织实施能源供应；

（七）其他必要措施。

能源应急状态消除后，有关人民政府应当及时终止实施应急处置措施。

第五十五条 出现本法第五十四条规定的能源应急状态时，能源企业、能源用户以及其他有关单位和个人应当服从有关人民政府的统一指挥和安排，按照规定承担相应的能源应急义务，配合采取应急处置措施，协助维护能源市场秩序。

因执行能源应急处置措施给有关单位、个人造成损失的，有关人民政府应当依法予以补偿。

第六章　能源科技创新

第五十六条　国家制定鼓励和支持能源科技创新的政策措施，推动建立以国家战略科技力量为引领、企业为主体、市场为导向、产学研深度融合的能源科技创新体系。

第五十七条　国家鼓励和支持能源资源勘探开发、化石能源清洁高效利用、可再生能源开发利用、核能安全利用、氢能开发利用以及储能、节约能源等领域基础性、关键性和前沿性重大技术、装备及相关新材料的研究、开发、示范、推广应用和产业化发展。

能源科技创新应当纳入国家科技发展和高技术产业发展相关规划的重点支持领域。

第五十八条　国家制定和完善产业、金融、政府采购等政策，鼓励、引导社会资金投入能源科技创新。

第五十九条　国家建立重大能源科技创新平台，支持重大能源科技基础设施和能源技术研发、试验、检测、认证等公共服务平台建设，提高能源科技创新能力和服务能力。

第六十条　国家支持依托重大能源工程集中开展科技攻关和集成应用示范，推动产学研以及能源上下游产业链、供应链协同创新。

第六十一条　国家支持先进信息技术在能源领域的应用，推动能源生产和供应的数字化、智能化发展，以及多种能源协同转换与集成互补。

第六十二条　国家加大能源科技专业人才培养力度，鼓励、支持教育机构、科研机构与企业合作培养能源科技高素质专业人才。

第七章　监督管理

第六十三条　县级以上人民政府能源主管部门和其他有关部门应当按照职责分工，加强对有关能源工作的监督检查，及时查处违法行为。

第六十四条　县级以上人民政府能源主管部门和其他有关部门按照职责分工依法履行监督检查职责，可以采取下列措施：

（一）进入能源企业、调度机构、能源市场交易机构、能源用户等单位实施现场检查；

（二）询问与检查事项有关的人员，要求其对有关事项作出说明；

（三）查阅、复制与检查事项有关的文件、资料、电子数据；

（四）法律、法规规定的其他措施。

对能源主管部门和其他有关部门依法实施的监督检查，

被检查单位及其有关人员应当予以配合,不得拒绝、阻碍。

能源主管部门和其他有关部门及其工作人员对监督检查过程中知悉的国家秘密、商业秘密、个人隐私和个人信息依法负有保密义务。

第六十五条 县级以上人民政府能源主管部门和其他有关部门应当加强能源监管协同,提升监管效能,并可以根据工作需要建立能源监管信息系统。

有关单位应当按照规定向能源主管部门和其他有关部门报送相关信息。

第六十六条 国务院能源主管部门会同国务院有关部门加强能源行业信用体系建设,按照国家有关规定建立信用记录制度。

第六十七条 因能源输送管网设施的接入、使用发生的争议,可以由省级以上人民政府能源主管部门进行协调,协调不成的,当事人可以向人民法院提起诉讼;当事人也可以直接向人民法院提起诉讼。

第六十八条 任何单位和个人对违反本法和其他有关能源的法律、法规的行为,有权向县级以上人民政府能源主管部门或者其他有关部门举报。接到举报的部门应当及时依法处理。

第八章 法律责任

第六十九条 县级以上人民政府能源主管部门或者其他

有关部门的工作人员违反本法规定，滥用职权、玩忽职守、徇私舞弊的，依法给予处分。

第七十条　违反本法规定，承担电力、燃气、热力等能源供应的企业没有法定或者约定事由拒绝或者中断对营业区域内能源用户的能源供应服务，或者擅自提高价格、违法收取费用、减少供应数量、限制购买数量的，由县级以上人民政府能源主管部门或者其他有关部门按照职责分工责令改正，依法给予行政处罚；情节严重的，对有关主管人员和直接责任人员依法给予处分。

第七十一条　违反本法规定，能源输送管网设施运营企业未向符合条件的企业等经营主体公平、无歧视开放并提供能源输送服务的，由省级以上人民政府能源主管部门或者其他有关部门按照职责分工责令改正，给予警告或者通报批评；拒不改正的，处相关经营主体经济损失额二倍以下的罚款；情节严重的，对有关主管人员和直接责任人员依法给予处分。

第七十二条　违反本法规定，有下列情形之一的，由县级以上人民政府能源主管部门或者其他有关部门按照职责分工责令改正，给予警告或者通报批评；拒不改正的，处十万元以上二十万元以下的罚款：

（一）承担电力、燃气、热力等能源供应的企业未公示服务规范、收费标准和投诉渠道等，或者未为能源用户提供公共查询服务；

（二）能源输送管网设施运营企业未按照规定公开能源

输送管网设施接入和输送能力以及运行情况信息;

(三)能源企业未按照规定提供价格成本等相关数据;

(四)有关单位未按照规定向能源主管部门或者其他有关部门报送相关信息。

第七十三条 违反本法规定,能源企业、能源用户以及其他有关单位或者个人在能源应急状态时不服从有关人民政府的统一指挥和安排、未按照规定承担能源应急义务或者不配合采取应急处置措施的,由县级以上人民政府能源主管部门或者其他有关部门按照职责分工责令改正,给予警告或者通报批评;拒不改正的,对个人处一万元以上五万元以下的罚款,对单位处十万元以上五十万元以下的罚款,并可以根据情节轻重责令停业整顿或者依法吊销相关许可证件。

第七十四条 违反本法规定,造成财产损失或者其他损害的,依法承担民事责任;构成违反治安管理行为的,依法给予治安管理处罚;构成犯罪的,依法追究刑事责任。

第九章 附 则

第七十五条 本法中下列用语的含义:

(一)化石能源,是指由远古动植物化石经地质作用演变成的能源,包括煤炭、石油和天然气等。

(二)可再生能源,是指能够在较短时间内通过自然过程不断补充和再生的能源,包括水能、风能、太阳能、生物质能、地热能、海洋能等。

（三）非化石能源，是指不依赖化石燃料而获得的能源，包括可再生能源和核能。

（四）生物质能，是指利用自然界的植物和城乡有机废物通过生物、化学或者物理过程转化成的能源。

（五）氢能，是指氢作为能量载体进行化学反应释放出的能源。

第七十六条　军队的能源开发利用管理，按照国家和军队有关规定执行。

国家对核能开发利用另有规定的，适用其规定。

第七十七条　中华人民共和国缔结或者参加的涉及能源的国际条约与本法有不同规定的，适用国际条约的规定，但中华人民共和国声明保留的条款除外。

第七十八条　任何国家或者地区在可再生能源产业或者其他能源领域对中华人民共和国采取歧视性的禁止、限制或者其他类似措施的，中华人民共和国可以根据实际情况对该国家或者该地区采取相应的措施。

第七十九条　中华人民共和国境外的组织和个人实施危害中华人民共和国国家能源安全行为的，依法追究法律责任。

第八十条　本法自 2025 年 1 月 1 日起施行。

附：

关于《中华人民共和国能源法(草案)》的说明

——2024年4月23日在第十四届全国人民代表大会常务委员会第九次会议上

国家发展和改革委员会副主任　李春临

委员长、各位副委员长、秘书长、各位委员：

我受国务院委托，现对《中华人民共和国能源法（草案）》（以下简称草案）作说明。

一、起草的必要性和工作过程

能源是经济社会发展的基础性要素，能源安全事关经济发展、社会稳定、国家安全，是重大的全局性、战略性问题。党中央、国务院高度重视能源发展和安全工作。习近平总书记创造性地提出"推动能源消费革命、供给革命、技术革命、体制革命，全方位加强国际合作"的能源安全新战略，明确要求启动能源领域法律法规立改废工作，推进能源法制定工作。李强总理强调,要切实做好立法修法等方面重点工作,确保国家能源安全。

改革开放特别是进入新时代以来,我国能源发展取得历史性成就,为高质量发展提供了有力支撑保障。与此同时,我国能源发展仍面临消费量快速增加、供给保障压力持续加大,能源结构调整尚未到位、清洁高效利用水平有待提高,能源市场体系不够健全、储备体系建设薄弱、科技创新存在短板等诸多问题挑战。特别是能源供给保障外部环境更趋复杂严峻,不稳定、不确定性因素增多。有效应对上述问题挑战,亟需进一步健全能源法律制度体系,发挥法治固根本、稳预期、利长远的积极作用。我国已制定电力法、煤炭法、节约能源法、可再生能源法、城镇燃气管理条例等多部单行能源法律法规,但能源领域还缺少一部具有基础性、统领性的法律。在单行能源法律法规基础上制定能源法,是加强重点领域立法的重要举措,对推动能源高质量发展、保障国家能源安全具有重大意义。

国家发展改革委、国家能源局在深入调查研究、广泛听取意见并向社会公开征求意见的基础上,起草了《中华人民共和国能源法(草案送审稿)》。司法部两次征求中央有关部门、地方人民政府、有关企业和研究机构等方面的意见,开展实地调研,对有关问题深入研究论证、多次沟通协调,会同国家发展改革委、国家能源局等有关方面反复研究修改,形成了草案。草案已经国务院第23次常务会议讨论通过。

二、总体思路

能源法制定坚持以习近平新时代中国特色社会主义思想为指导，深入贯彻党的二十大精神，认真落实习近平总书记关于能源发展和安全的重要指示精神和党中央、国务院决策部署，遵循以下总体思路：一是把推动能源高质量发展、保障国家能源安全作为立法主基调，贯穿能源规划以及开发利用、市场体系建设、储备和应急、科技创新等制度设计始终，全方位夯实能源发展和安全的法治根基。二是立足我国能源资源禀赋等实际情况，坚持先立后破、通盘谋划，处理好能源安全与转型的关系。三是统筹当前和长远，将能源领域经实践检验成熟的政策措施和经验做法转化为法律制度，同时适应能源发展新趋势，增强前瞻性和引领性。四是准确把握立法定位，着重从宏观层面就能源领域基础性重大问题作出规定，发挥对单行能源法律法规的统领作用。

三、主要内容

草案共九章六十九条，主要规定了以下内容：

（一）坚持党的领导。按照在法律法规中落实党的领导要求，明确规定能源工作应当坚持中国共产党的领导，贯彻总体国家安全观，统筹发展和安全，实施"四个革命、一个合作"的能源安全新战略，坚持立足国内、多元保障、节约优先、绿色发展，加快构建清洁低碳、安全高效的新型能源体系。

（二）健全能源规划体系。为发挥能源规划的引领、指导和规范作用，明确了各级各类能源规划的编制主体、编制依据、编制要求、主要内容、衔接关系，以及批准、公布、实施情况评估和修订程序等。

（三）完善能源开发利用制度。主要从六个方面作了规定：一是明确能源结构调整方向。支持优先开发可再生能源，合理开发和清洁高效利用化石能源，有序推动非化石能源替代化石能源、低碳能源替代高碳能源。二是明确能源开发利用政策。分别对可再生能源、水电、核电、煤炭、石油、天然气等开发利用的基本政策取向作了规定。三是促进能源清洁高效和集约节约利用。提高终端能源消费清洁化、高效化、智能化水平，建立绿色能源消费促进机制，要求能源用户合理使用能源，政府有关部门加强能源需求侧管理。四是保障基本能源供应服务。要求电力、燃气、热力等能源供应企业保障用户获得安全、持续、可靠的能源供应服务。五是加强能源基础设施建设和保护。加强对跨省域能源基础设施建设的协调，要求能源输送管网设施运营企业提高运行安全水平，任何单位和个人不得从事危害能源基础设施安全的活动。六是促进农村能源发展。鼓励和扶持农村的能源发展，统筹城乡能源基础设施和公共服务体系建设，农村地区发生临时性能源供应短缺时，优先保障农村生活用能和农业生产用能。

（四）加强能源市场体系建设。为加快建立主体多元、统一开放、竞争有序、有效监管的能源市场体系，草案规定，国家推动能源领域自然垄断性业务与竞争性业务实行分开经营；协调推动全国统一的能源交易市场建设；要求能源输送管网设施向符合条件的主体公平、无歧视开放；鼓励能源领域上下游企业协同发展、产业链全链条协同推进；推动建立主要由市场因素决定的能源价格形成机制，完善能源价格调控制度；促进能源领域国际投资和贸易合作。

（五）健全能源储备体系和应急制度。为发挥能源储备战略保障、宏观调控和应对急需等功能，提升能源应急能力，草案规定，建立健全高效协同的能源储备体系，科学合理确定能源储备种类、规模和方式；实行政府储备和企业储备相结合，实物储备和产能储备、矿产地储备相统筹；政府储备承储运营机构应当建立健全内部管理制度，确保政府储备安全，能源企业应当落实社会储备责任；建立和完善能源预测预警体系，加强能源应急体系建设，制定能源应急预案，完善应急处置措施。

（六）加强能源科技创新。为强化科技创新对能源发展和安全的支撑作用，草案规定，鼓励和支持能源领域基础性、关键性和前沿性重大技术、装备的研究、开发、示范和推广应用；制定和完善产业、金融、政府采购等政策，鼓励、引导社会资金投入能源科技创新；建立重大能源科技创新平台，依托重大能源工程集中开展科技攻关和集成应用示范，支持先进信息技术应用；加大能源科技专业人才培养力度。

（七）强化监督管理。对能源主管部门等有关部门的监督检查职责和可以采取的监督检查措施、建立监管信息系统、加强能源行业信用体系建设、健全相关争议解决机制等作了明确规定。

（八）明确法律责任。对政府及其有关部门工作人员不依法履行职责，承担电力、燃气、热力等能源供应的企业无正当理由拒绝或者中断能源供应服务，能源输送管网设施运营企业未向符合条件的企业等主体公平、无歧视开放并提供能源输送服务，以及出现能源应急状态时有关单位和个人不承担能源应急义务或者不配合采取应急处置措施等违法行为，规定了严格的法律责任。

草案和以上说明是否妥当，请审议。